Miwon Lecture

유네스코와 21세기 고등교육

유네스코와 21세기 고등교육

초판1쇄 인쇄 2014년 1월 27일
초판1쇄 발행 2014년 1월 29일

지은이 이리나 보코바
옮긴이 송창섭
엮은이 미원렉처 편집위원회
펴낸이 조인원
펴낸곳 경희대학교 출판문화원

주소 서울시 동대문구 경희대로 26
전화 02-961-0106~8, 팩스 02-962-8840
설립 1960년 9월 16일 제5-8호
등록 1977년 11월 8일 제6-5호
홈페이지 www.khupress.com
전자우편 press@khu.ac.kr

ISBN 978-89-8222-428-7 03300

유네스코와 21세기 고등교육

이리나 보코바

경희대학교 출판문화원
KYUNG HEE UNIVERSITY PRESS

이 책은 2012년 8월 13일 경희대학교 평화의 전당에서 개최한 미원렉처Miwon Lecture에서 이리나 보코바Irina Bokova 유네스코 사무총장이 '유네스코에서 바라본 21세기 평화의 토대'를 주제로 강연한 내용을 담았습니다.

Miwon Lecture

미원렉처Miwon Lecture는 경희대학교 설립자 故 조영식 박사의 호 '미원美源'을 따서 이름 지은 특별 강연입니다. 경희대는 '문화세계의 창조'를 창학정신으로, '학문과 평화'의 전통을 이어오고 있습니다. 미원렉처는 국내외 석학과 실천인을 연사로 초빙해, 인간과 세계, 문명의 새로운 지평을 열어갑니다.

환영사

유네스코와 경희—함께 풀어가야 할 인류의 과제

오늘은 특별한 날입니다. 이리나 보코바Irina Bokova 유네스코 사무총장님이 자리를 함께하셨습니다. 인류평화를 위해, 존엄과 평등, 상호 존중을 위해 숭고한 노력을 기울이시는 유네스코 사무총장님을 모시게 된 것을 영광으로 생각합니다. 경희대학교를 대신해 환영과 감사의 마음을 전합니다.

경희대학교 광릉캠퍼스엔 탑이 하나 서 있습니다. 그 탑엔 "평화는 개선보다 귀하다Peace is more precious than triumph"는 문구가 새겨져 있습니다. 이 문구는 '학술과 평화'의 길을 걸어온 경희 63년 역사를 상징합니다. 학술기관으로, 고등교육기관으로 '학술의 궁극적 의미는 평화로 귀결된다'는 정신을 담고 있습니다. 대학은 인간과 사회, 문명을 위해 평화로운 문화세계를 찾아 나서야 한다는 가치를 담고 있습니다.

유네스코는 경희대학교 출범 4년 전인 1945년 설립됐습니다. 그 설립 취지를 유네스코 헌장 전문은 이렇게 전합니다. "전쟁은 인간의 마음에서 비롯된다." "평화의 방벽을 세워야 할 곳도 바로 인간의 마음이다."

마음과 마음이 모이면 문화가 됩니다. 마음과 마음이 모여 만들어지는 인간의 문화세계는 전쟁과 평화, 그리고 그 사이 수많은 현실을 만들어냅니다. 유네스코가 지향하는 인간의 '존엄과 평등, 상호 존중'이란 평화의 조건은 경희가 추구해온 가치이기도 합니다. 경희는 '학술의 탁월성과 지구적 실천'을 지향해왔습니다. 평화로운 개인과 사회, 인류의 문화세계를 열어왔습니다. 미래의 주역인 젊은이를 교육하고, 더 나은 문명사회를 이끌어갈 연구와 봉사, 공적 실천에 주력하고 있습니다.

오늘 이 자리는 그런 의미에서 더욱 뜻깊습니다. 경희의 설립정신이기도 한 인류평화를 위해 노력하는 유네스코와 지금 만나고 있습니다. 탁월한 지도력과 함께 유네스코 정신을 실천해가시는 보코바 사무총장님을 모셨습니다.

보코바 총장께선 2009년 취임사에서 현대적 사유방식의 문제, '획일화uniformization'와 '배제exclusion'의 문제점을 지적하셨습니다. 오늘은 그 연장선상에서 시대적 화두로 떠오른 '문화적 다양성', 지속가능한 발전과 평화를 위한 '새로운 휴머니즘new humanism'의 필요성을 말씀해주신다고 들었습니다. 이 문제 역시, 경희가 오래 천착해온 사안입니다. 특히 최근엔 '현대문명의 한계와 대안'에 관심을 기울이고 있습니다. 경희와 유네스코, 양 기관이 'UNESCO Chair on Future

Civilizations'를 통해 협력하고 있습니다. 새로 설립될 경희의 '인류문명 클러스터'도 인간과 문명, 정치의 더 나은 내일을 꿈꿉니다. 국경을 넘어선 학술 공동체의 새로운 탄생을 준비하고 있습니다.

이 사안들은 특정 기관에 국한된 문제가 아닙니다. 21세기를 살아가는 모든 인류가 함께 지혜를 모아야 할 주제입니다. 점증하는 세계화의 긴장. 빈곤, 소외, 인권, 지속가능한 발전, 기후변화 같은 인류의 난제. 여전히 풀어가야 할 민주화와 정의의 문제. 이 모두 우리의 열정과 헌신을 요청합니다.

오늘 이 자리에서 접하게 될 보코바 총장님의 혜안과 안목이 바로 이 문제를 풀어가는 데 큰 교훈을 주리라 믿습니다. 평화와 인류 복리를 위해 '지적, 도덕적 연대'를 강조하는 유네스코 정신에 동참하는 대학과 시민사회에 큰 힘이 될 것입니다.

조인원

* 이 글은 2012년 8월 13일 경희대학교 평화의 전당에서 열린 미원렉처에서 발표된 조인원 총장의 환영사를 정리한 것입니다.

차례

Miwon Lecture

세계평화를 위한 유네스코의 역할

조인원 총장님, 교수님들과 학생 여러분, 그리고 신사 숙녀 여러분, 안녕하세요. 제 한국말 인사가 제대로 발음됐는지 모르겠습니다. 우선 총장님의 친절한 소개와 후대에 감사드립니다. 또한 미원렉처에 참여하도록 초청해주신 것에 대해서도 감사드립니다.

이 강연은 저한테 큰 영광입니다. 앞서 많은 저명인사들이 미원렉처에 초청돼 이 강당에서 강연한 것을 알고 있기 때문입니다. 그리고 평화를 위해 주도적 역할을 해왔고 지금도 하고 있는 대학에서, 21세기 평화의 토대를 모색하게 된 것 또한 영광으로 생각합니다.

경희대학교는 세계적인 고등교육기관입니다. 이 같은 성

경희대 평화의 전당에서 강연하는 이리나 보코바 유네스코 사무총장.

취는 명확한 평화의 비전 위에 서 있습니다. 평화의 비전은 개인의 존엄과 창조성에서 시작됩니다. 여기에는 모든 사람을 위해 지식을 증진할 책임이 포함됩니다.

마침 총장님이 말씀해주신 대로 '문화세계의 창조'는 경희대학교의 교시입니다. 경희대 초대 총장이셨던 조영식 박사님은 이 같은 정신을 몸소 실현하셨습니다. 미원렉처라는 명칭도 조영식 박사님의 이름을 따서 붙였다고 들었습니다. 오늘 이 자리를 빌려 올해 초 돌아가신 조 박사님에게 애도의 뜻을 표합니다. 조영식 박사님은 20세기의 위인이셨습니다. 쉬지 않고 세계 곳곳을 돌며 평화와 화합을 열정적으로 주창하셨습니다. 늘 새로운 아이디어를 구상하셨습니다. 그리고 가장 중요한 것은 그 아이디어를 실행에 옮기셨다는 점입니다.

1965년 조 박사님은 세계대학총장회를 출범시키셨습니다. 세계평화의 날 제정도 조 박사님 덕분입니다. 1981년 11월 유엔 총회는 조 박사님의 제의를 만장일치로 승인했습니다.

1993년 유네스코는 조영식 박사님에게 유네스코 평화교육상을 수여해 그 공헌을 인정했습니다. 1992년 이 상의 수상자는 테레사 수녀Mother Theresa였습니다. 조영식 박사님은 수상 소감에서 "전 세계 사람들의 정신 속에 평화를 사랑하는 마음을 심어야 한다"고 요청하셨습니다.

유네스코는 이와 똑같은 정신으로 평화를 새 토대 위에 세우기 위해 1945년 창설됐습니다. 유네스코 창립 구상은 3년 전인 1942년 전시에 런던에서 개최된 연합국 교육부장관 회의에서 비롯됐습니다. 당시 대다수 장관들이 망명정부에서 일하며 피점령국을 대표해 참여했다는 사실은 유념해볼 필요가 있습니다.

유네스코 헌장은 다음과 같이 감동적인 말로 시작합니다. "전쟁은 인간의 마음에서 비롯되므로 평화의 방벽을 세워야 할 곳도 바로 인간의 마음이다." 이 심오한 휴머니즘적 신념은 1945년과 마찬가지로 오늘날에도 돋보입니다.

인권선언이 유네스코 헌장에 기초를 두고 있다는 중요한 사실을 환기하고 싶습니다. 헌장을 읽으면 놀라운 점을 발견하게 됩니다. 2차 대전 이후 유엔에 의해 작성된 문건 중에서

© UNESCO

프랑스 파리에 위치한 유네스코 본부.

가장 고무적이고 지성적인 것이 바로 이 헌장이라는 사실입니다. 헌장에 따르면, 향후 휴머니즘 전통은 인간의 경제적, 재정적 발전을 고려하는 것만으로는 충분하지 않고, 인류의 지적, 도덕적 연대가 이끌어나가야 합니다. 바로 이런 의미에서 저는 21세기를 선도할 새로운 휴머니즘을 요청합니다.

사상은 늘 숭고하지만 오늘날 상황은 새롭고 급박합니다. 저는 새로운 휴머니즘이 인간의 존엄과 모든 문화의 다양성을 존중하는 데 뿌리를 둬야 한다고 굳게 믿습니다. 다른 사람과 더불어 우리 지구를 수호하는 여성과 남성들이 새로운 휴머니즘을 추구해야 합니다. 이는 항구적인 평화와 지속가능한 발전을 위한 전제 조건입니다. 조영식 박사님이 요청하신 '새로운 르네상스'에 대해 제가 친근감을 느끼는 이유

향후 휴머니즘 전통은 인간의 경제적, 재정적 발전을 고려하는 것만으로는 충분하지 않고, 인류의 지적, 도덕적 연대가 이끌어나가야 합니다. 바로 이런 의미에서 저는 21세기를 선도할 새로운 휴머니즘을 요청합니다. 저는 새로운 휴머니즘이 인간의 존엄과 모든 문화의 다양성을 존중하는 데 뿌리를 둬야 한다고 굳게 믿습니다. 우리는 인간의 존엄과 자유를 모든 노력의 중심에 놓아야 합니다.

가 여기에 있습니다. 다시 한 번 말씀드리겠습니다. 우리는 인간의 존엄과 자유를 모든 노력의 중심에 놓아야 합니다.

이 자리를 빌려 그러한 비전을 추진하는 데 대한민국 정부가 보인 리더십에 감사드리고 싶습니다. 저는 '살아 있는 바다, 숨 쉬는 연안'을 주제로 열린 2012 여수 엑스포 폐막식에 참석했습니다. 지속가능한 발전의 핵심 이슈에서 한국이 담당한 지구적 역할을 엑스포에서 확인했습니다. 저는 2012년 11월 부산에서 개최된 제4차 세계개발원조총회에도 초청받는 영광을 누렸습니다. 거기에서도 역시 한국의 리더십을 보았습니다.

대한민국은 유네스코의 가장 중요한 후원국 가운데 하나입니다. 아프리카를 비롯한 전 세계의 교육, 지속가능성을 위한 과학, 그리고 유형과 무형 유산을 보호하고 보존하는 문화 분야에서 유네스코가 펼치는 사업에 아낌없는 지원을 제공했습니다.

Miwon Lecture

새로운 평화의 문화를 가꾸는 교육: '모두를 위한 교육'

보다 더 지속가능하고 보다 더 인간적인 발전을 요구하는 목소리가 전 세계적으로 높아지고 있습니다. 지난주 저는 미얀마에 있었습니다. 영광스럽게도 테인 세인Thein Sein 대통령과 최근에 국회의원으로 선출된 아웅산 수치Aung San Suu Kyi 여사를 만났습니다. 아시다시피 아웅산 수치 여사는 1991년 노벨 평화상 수상자로 선정됐지만 2012년 6월에서야 오슬로로 가서 상을 받을 수 있었습니다. 아웅산 수치 여사는 당시 수락 연설을 통해 미얀마에서는 역경과 빈곤, 차별의 화염이 꺼졌을 때 솟아나는 행복을 평화라고 부른다고 말했습니다.

오늘날 단지 국가들 사이에 지켜지는 평화만으로는 충분하지 않습니다. 정치적 협약은 필요하지만 이 역시 충분하지

ⓒ Htoo Tay Zar

2011년 미얀마 바고 주에서 지지자들을 만나고 있는 아웅산 수치 여사.

는 않습니다. 평화는 개인의 존엄, 그리고 모든 남성과 여성이 자신의 소중한 삶을 살아갈 수 있는 능력에 기반을 둬야 합니다. 이것이 바로 유네스코의 비전입니다.

세계를 둘러보면 희망을 가져도 좋을 확실한 근거들이 있습니다. 사람들과 사회들은 그 어느 때보다 더 잘 연결돼 있습니다. 대화와 공유의 기회가 지금처럼 많았던 적도 없습니다.

이와 동시에 변화의 속도는 사회를 압박하고 있습니다. 불평등은 여전히 지속되고 있습니다. 상호 의존이 심화되고 있지만 더 깊은 차원의 이해가 항상 뒤따르진 않습니다. 우리 사회에서 점점 더 증가하는 다양성은 창의성과 혁신을 위해 축복이기는 하지만, 어떤 이들에게는 공포의 근원이고 또

> 오늘날 단지 국가들 사이에 지켜지는 평화만으로는 충분하지 않습니다. 정치적 협약은 필요하지만 이 역시 충분하지는 않습니다. 평화는 개인의 존엄, 그리고 모든 남성과 여성이 자신의 소중한 삶을 살아갈 수 있는 능력에 기반을 둬야 합니다. 이것이 바로 유네스코의 비전입니다.

다른 이들에게는 차별의 근원이기도 합니다. 우리는 지난 10년간 자연재해가 날로 증가하는 것을 목격했습니다. 그 어떤 나라도 기후변화의 영향에서 벗어날 수는 없습니다.

21세기에 들어서면서 우리는 새로운 요구에 직면해 있습니다. 21세기는 개인과 공동체, 국가, 특히 젊은 남녀에게 전용적 소질과 평생 학습 능력을 요구합니다. 또한 포괄적인 지식사회를 요구합니다. 그리고 지속 능력이 한계에 달한 이 세계에서 우리의 새로운 비전을 요구합니다.

21세기에는 나라들 사이의 정치적 조약이나 경제적 협정에만 기댈 수는 없습니다. 우리는 새로운 평화의 문화를 형성하는 데 더욱 의존해야 합니다. 이는 학교와 대학에서 시작돼야 합니다. 양질의 교육은 필수적인 인권입니다. 또한 경제성장을 위한 동력입니다. 지속가능한 발전에 관한 유엔 최초의 보고서는, 주요 저자인 그로 할렘 브룬틀란트Gro Harlem Brundtland의 이름을 따 브룬틀란트 보고서라고 부릅니다. 노르웨이 총리를 지냈던 브룬틀란트는 당시 위원회의 위원장이었습니다. 그런데 이 보고서가 출간됐을 때에는 교육의 중요성이 인정받지 못했습니다.

오늘날 모든 연구는 여성과 남성을 빈곤에서 벗어나게 해주는 교육의 힘을 인정합니다. 이명박 대통령께서는 부산 세계개발원조총회에서 이 점을 강조하셨습니다. "대한민국의 부모들은 끼니를 거르는 가난 속에서도 자녀 교육을 위해 모든 것을 희생했다"고 말씀하셨습니다. 경제 위기의 시대인 오늘날 교육은 더더욱 중요합니다.

교육을 통한 빈곤 퇴치 및 삶의 질 향상을 위해 2000년에 시작된 '모두를 위한 교육' 운동은 새천년 개발목표[1] 중 하나로, 2015년까지 달성해야 할 여러 과제가 있습니다. 우리는 상당한 진전을 보였습니다. 하지만 새천년 개발의 두 번째 목표인 '모두를 위한 교육'에 도달하기란 여전히 순조롭지 않습니다.

2010년 초등학교를 다니지 않는 어린이가 6,000만 명이었습니다. 여자아이와 남자아이에게 동등한 교육의 기회를 제공하는 나라는 40%도 안 됩니다. 8억 명 정도의 성인이 문맹인데, 그중 3분의 2가 여성입니다.

2012년 초 유네스코는 『세계 교육 성평등 지도World Atlas of

---

1 **새천년 개발목표** 2000년 9월 새천년 정상회담에서 세계 각국이 합의한 개발목표. ① 극심한 빈곤과 기아 퇴치, ② 보편적 초등교육 실현, ③ 성평등 촉진과 여권 신장, ④ 아동 사망률 감소, ⑤ 모성 위생 증진, ⑥ 에이즈와 말라리아 등 각종 질병 퇴치, ⑦ 지속가능한 환경 보전, ⑧ 발전을 위한 전 세계 파트너십 구축 등 총 8가지로 이뤄져 있다. 회담 참가국들은 2015년까지 이들 목표를 달성하기로 결의했다.

> 21세기에는 나라들 사이의 정치적 조약이나 경제적 협정에만 기댈 수는 없습니다. 우리는 새로운 평화의 문화를 형성하는 데 더욱 의존해야 합니다. 이는 학교와 대학에서 시작돼야 합니다. 양질의 교육은 필수적인 인권입니다. 또한 경제성장을 위한 동력입니다.

Gender Equality in Education』를 출간했습니다. 각국의 현황을 지도로 보여주는 이 책은 이전에 한 번도 나온 적이 없던 간행물입니다. 책에 따르면, 교육 분야를 크게 발전시킨 나라들은 아주 이른 나이부터 남녀평등을 실현하기 위해 투자를 아끼지 않았습니다.

오늘날 직업은 물론 개인적 성취와도 거리가 먼 기술을 갖고 학교를 졸업하는 학생들이 너무 많습니다. 젊은 남녀는 21세기 지식사회에 진출할 수 있도록 교육을 받아야 합니다. 이는 오늘날 평화를 위한 토대 중 하나이기도 합니다.

유네스코는 2012년 5월 중국 상하이에서 개최된 제3차 세계 기술직업 교육훈련 회의를 조직하는 데 주도적 역할을 담당했습니다. 이 회의는 21세기를 위한 새로운 기술직업 교육훈련을 태동시키는 이정표가 됐습니다.

유네스코는 매년 『모두를 위한 교육 세계 현황 보고서EFA Global Monitoring Report』를 발행하면서 '모두를 위한 교육'을 향해 나아가는 발전의 기준을 정합니다. 2012년에는 젊은이들의 기술에 초점을 맞춥니다. 전 세계적으로 젊은이 다섯 중

젊은이들의 복지와 행복은 그 어느 때보다 더 교육과 훈련이 제공할 수 있는 기술에 좌우되고 있습니다. 현재 전 세계 청년 인구는 18억이나 됩니다. 이는 미래를 향한 18억 개의 아이디어와 18억 개의 비전을 의미한다고 말씀드리고 싶습니다. 이들 아이디어와 비전을 지원하지 못하면 인간 잠재력뿐만 아니라 경제력을 허비하게 됩니다. 또한 좌절감을 낳거나 심지어 사회적 긴장, 갈등, 폭력까지 유발하기도 합니다.

하나가 일자리를 찾고 있습니다. 젊은이들의 복지와 행복은 그 어느 때보다 더 교육과 훈련이 제공할 수 있는 기술에 좌우되고 있습니다.

현재 전 세계 청년 인구는 18억이나 됩니다. 이는 미래를 향한 18억 개의 아이디어와 18억 개의 비전을 의미한다고 말씀드리고 싶습니다. 이들 아이디어와 비전을 지원하지 못하면 인간 잠재력뿐만 아니라 경제력을 허비하게 됩니다. 또한 좌절감을 낳거나 심지어 사회적 긴장, 갈등, 폭력까지 유발하기도 합니다.

단지 모든 아동들이 학교에 다닐 수 있도록 하는 것이 교육은 아니라는 사실을 『모두를 위한 교육 세계 현황 보고서』는 일깨워줍니다. 젊은이들이 삶을 살아갈 수 있도록 준비시키는 것이 교육입니다. 좋은 직장을 구하고 생계를 유지하고 공동체와 사회에 기여하고 자신의 잠재력을 발휘할 수 있는 기회를 제공하는 것이 교육입니다.

유네스코는 온갖 분야에서 활동을 전개하고 있습니다.

© UNESCO, Webistan/Manoocher

아프가니스탄 카불의 한 학교에서 수업을 받고 있는 여학생들.

교육개혁을 지원하고 교사 연수를 강화하고 소녀와 여성들의 교육권을 증진하고 보다 공평하고 보다 우수한 교육을 위해 새로운 기술의 힘을 활용하고 있습니다.

우리는 가장 열악한 곳에서 활동을 벌입니다. 예를 들어 아프가니스탄의 18개 지역에서 60만 명의 학습자와 함께 사업을 진행하고 있습니다. 이들 지역에서는 여성과 소녀들에게 우선권을 주고 있습니다. 또한 70%가 문맹인 아프가니스탄 경찰에게 읽기와 쓰기 프로그램을 제공하고 있습니다.

교육 진흥은 유엔의 평화 구축 의제에 기반을 둬야 합니다. 이는 "숨어 있는 위기: 무력 분쟁과 교육"이라는 주제로 발간된 『모두를 위한 교육 세계 현황 보고서 2011』의 핵심 메시지입니다. 2011년 7월 분쟁 지역의 학교에 대한 보호를 강화하기 위해 유엔 안전보장이사회 결의안이 채택됐습니다. 『모두를 위한 교육 세계 현황 보고서 2011』과 교육 분야 및 분쟁 지역에서의 우리의 모든 활동은 이 결의안을 준비하는 데 많은 보탬이 됐습니다. 우리는 이 같은 성취를 매우 자랑스럽게 여깁니다.

근본적으로 교육은 가치와 관련돼 있습니다. 교육은 인권에 대한 존중심을 길러줍니다. 젊은 남녀가 관대한 마음으로 타인을 존중하는 책임감 있는 시민으로 살아갈 수 있도록 준비시킵니다.

이는 '교육 우선Education First'의 핵심 목표입니다. '교육 우선'은 반기문 유엔 사무총장님이 2012년 9월부터 시작하려고 하시는 새로운 계획입니다. 이를 강력히 지지하는 유네스코는 반 사무총장님의 초청에 응해 계획에 참여하고 있습니다. '교육 우선'은 세 가지 관점을 갖고 있습니다. 형평성과 포괄성, 수월성과 교사, 그리고 지구적 시민권이 그것입니다.

Miwon Lecture

평화와 문화: 다양성과 보편성

신사 숙녀 여러분, 우리는 또한 문화의 관점에서 평화의 구축을 바라봅니다.

유네스코가 유형과 무형 유산을 증진·보호·보존하여 새로운 세대에게 물려주는 데 깊이 관여해왔다는 점은 널리 알려져 있습니다. 모든 개별 문화는 서로 다르기 때문에 큰 자산입니다만, 인류는 단일한 전체로서 가치의 공유와 인권을 중심으로 단합하는 가운데 문화의 다양성을 인정할 것입니다.

유네스코는 평화를 위해 문화적 다양성을 최대한 활용하며, 기회를 넓히고 사회를 새롭게 하는 역동적 힘으로서 문화를 증진하고 있습니다. 우리는 무엇보다도 지구적 표준의 설정을 통해 이러한 활동을 전개합니다. 올해로 제정 40주년

안전한 고지대에서 아부심벨 신전의 람세스 2세 조각상을 짜 맞추는 모습.

을 맞이하는 세계유산협약은 전 세계에 산재한 '탁월한 보편적 가치'를 보존하는 기함 역할을 합니다.

'탁월한 보편적 가치'의 보존이라는 발상이 최초로 표현된 것은 1960년대 이집트 누비아 유적 살리기 활동[2]을 통해서였습니다. 그 당시 인류는 2차 대전 이후 부상한 가장 강력한 혁명적 아이디어 중 하나를 중심으로 뭉쳤습니다.

여러분께 '탁월한 보편적 가치'라는 개념을 따로 설명해 드릴 필요는 없을 것 같습니다. 익히 알고 계시리라 확신하기 때문입니다.

2 아스완 하이 댐 건설로 누비아 유적이 수몰될 위기에 처하자, 유네스코는 이 유적을 살리기 위해 국제적 캠페인을 벌였다. 60여 개국이 참여한 가운데 주요 신전을 안전한 고지대로 옮기는 대공사가 진행됐다. 수몰을 면한 누비아 유적은 1979년 세계유산목록에 등재됐다. 람세스 2세가 지은 아부심벨 신전과 프톨레마이오스 왕조 시대의 필레 신전이 대표 유적이다.

세계유산목록에 등재된 한국의 유산으로는 하회 마을과 양동 마을, 아름다운 수원의 화성, 조선 왕릉들이 있습니다. 이 유산은 미래의 세대들에게 강력한 자원입니다만, 우리는 그 의미를 새롭게 볼 필요가 있습니다.

특히 젊은 분들께 말씀드립니다. 유산이란 돌덩어리들에 관한 것이 아닙니다. 유산은 살아 있습니다. 지역 공동체와 사람들의 삶 속에 새겨져 있을 때 의미를 획득합니다. 그것은 오늘날 세계의 여러 지역에서 화합의 도구가 되기도 합니다. 유산은 개개인들에게 자신감을 선사하고, 그들이 하나의 지구로 바뀌어가고 있는 세계와 화합하는 데 도움을 줍니다.

시리아와 말리에서 우리는 실제로 문화가 갈등의 최전선에 놓여 있다는 사실을 눈으로 확인할 수 있습니다. 문화에 대한 공격은 바로 공동체와 사람들의 정체성에 대한 공격입니다. 이런 공격은 화합을 더더욱 어렵게 하면서 회복 불가능할지도 모르는 파국으로 이어집니다. 유산과 문화를 목표물로 삼는 이들이 있는 것도 바로 이 때문입니다.

오늘날처럼 지구화된 세계에서 문화유산을 보호하는 일은 더 나은 시절을 위해 제쳐놓아도 좋은 사치품 같은 것이 아닙니다. 실제로 갈등은 잦아드는 중입니다. 최초로 갈등이 빚어지는 순간에 문화와 유산을 보호해야 한다고 제가 강력하게 주장하는 이유가 여기에 있습니다.

저는 말리의 팀북투와 아스키아 무덤을 점검할 조사팀을

유산이란 돌덩어리들에 관한 것이 아닙니다. 유산은 살아 있습니다. 지역 공동체와 사람들의 삶 속에 새겨져 있을 때 의미를 획득합니다. 그것은 오늘날 세계의 여러 지역에서 화합의 도구가 되기도 합니다. 유산은 개개인들에게 자신감을 선사하고, 그들이 하나의 지구로 바뀌어가고 있는 세계와 화합하는 데 도움을 줍니다.

파견했습니다. 저는 갈등에 연루된 모든 정파들과 군벌들에게 유산을 표적으로 삼을 것이 아니라 보존해줄 것을 호소합니다. 갈등은 사라질 것이고 유산은 미래 세대들을 위해 남아 있어야 하기 때문입니다.

지난 10년간 우리는 매년 국가와 정부 수뇌들이 참여하는 지역 포럼을 통해서 제가 나고 자란 곳인 유럽 남동부에 '문화 회랑cultural corridors'을 만들어왔습니다. 그리고 이 지역에서 유네스코는 끔찍한 유혈 전쟁으로부터 빠져나오는 여러 나라들 사이에 다리를 놓는 가장 중요한 국제조직이었습니다.

문화적 표현과 다양성은 또한 혁신의 원천으로, 다양한 나라들에서 일자리를 창출하고 경제적 발전을 촉진하고 있습니다. 2010년에 문화는 지구적으로 미화 1조 3,000억 달러의 가치에 상응하는 일자리와 수입을 산출했습니다.

문화 산업은 전 세계에 걸쳐 성장하고 있습니다만, 우리의 지원이 필요합니다. 이는 유네스코의 또 다른 중요 협약

ⓒ Utilisateur:Taguelmoust

말리의 아스키아 무덤.

으로 2005년에 채택된 '문화적 표현의 다양성 보호 및 증진 협약'의 목적이기도 했습니다. 우리는 63개 개발도상국의 문화 산업을 지원하고 있습니다.

저는 단호히 문화를 지구적 발전 의제의 중심에 놓습니다. 우리는 유형 유산과 무형 유산 사이에 튼튼한 다리를 놓고 그 주변에 문화 산업을 구축해야 합니다.

2011년 한국의 전통 무술인 택견이 유네스코 인류무형문화유산 대표목록에 등재됐습니다. 이는 우리 모두의 자랑이라고 생각합니다.

Miwon Lecture

평화와 지속가능한 발전

신사 숙녀 여러분, 저는 항구적인 평화와 지속가능한 발전을 동전의 양면으로 봅니다. 평화 없이 지속가능한 발전은 있을 수 없습니다. 동시에 고질적인 가난, 기후변화와 자연재해의 영향, 인권과 기본적인 자유의 침해, 주변화와 배제, 차별은 평화의 장애물입니다.

세계는 2012년 6월 리우데자네이루에서 열린 유엔 지속가능발전회의에서 큰 발걸음을 내디뎠습니다. 유엔이 리우+20이라고 부른 이 회의는 매우 강력한 최종 성명을 채택했는데, 이는 보다 더 환경친화적인 경제와 사회를 건설하기 위한 원대한 합의를 품고 있습니다. 유엔 사무총장께서 말씀하셨듯이 리우+20은 "끝이 아니라 시작"입니다.

지속가능성 의제는 이제 지구적 차원뿐만 아니라 전 세계 개별 국가들에서도 확고하게 자리를 잡았습니다. 이제 여기에 토대를 구축해야 합니다. 발전에 필요한 교육과 문화의 힘, 그리고 더욱 포괄적이고 정당하고 평화로운 세계에 필요한 과학을 활용하는 새로운 지구적 지속가능성 의제를 설정하는 것입니다. 평화를 구축하는 일은 모든 여성과 남성의 선천적 존엄을 보호하고 문화적 다양성과 서로 다른 문화를 존중하는 데서부터 시작돼야 합니다.

지속가능성 의제는 이제 지구적 차원뿐만 아니라 전 세계 개별 국가들에서도 확고하게 자리를 잡았습니다. 이제 여기에 토대를 구축해야 합니다. 발전에 필요한 교육과 문화의 힘, 그리고 더욱 포괄적이고 정당하고 평화로운 세계에 필요한 과학을 활용하는 새로운 지구적 지속가능성 의제를 설정하는 것입니다. 평화를 구축하는 일은 모든 여성과 남성의 선천적 존엄을 보호하고 문화적 다양성과 서로 다른 문화를 존중하는 데서부터 시작돼야 합니다.

유네스코는 발전이나 재정적 지원을 가져다주진 않습니다. 지속가능한 발전을 위한 조건들을 만듭니다. 유네스코는 이를 통해 21세기 평화의 기반을 닦는 데 기여하고 있습니다. 유네스코는 직접 평화를 유지하는 것이 아니라 그 평화가 지속될 수 있도록 노력하고 있습니다.

이것이 유네스코의 활동 취지입니다. 이는 바로 경희대학교에서 추진해온 것이면서 여기 계신 여러분 모두 공유하

2012년 몽골을 찾은 경희대 지구사회봉사단.

고 있는 것이기도 하다는 점을 저는 잘 알고 있습니다. 여러분의 대학과 유네스코가 공유하는 이 같은 헌신에 대해 이 자리를 빌려 고마움을 전합니다. 감사합니다.

질문과 답변

질문 1 저는 국제학을 전공하는 김성민이라고 합니다. 우선 훌륭한 강연에 감사드립니다. 강연에서 말씀하셨다시피 교육과 지속가능한 발전의 유지가 중요한데도 불구하고 교육은 여전히 의제와 정책, 여론에서 뒤로 밀려나 있을 때가 많습니다. 왜냐하면 결과가 단기간에 나타나지 않기 때문입니다. 정부 관료와 정책 입안자들을 상대로 교육의 중요성을 환기하기 위해 유네스코는 어떤 계획을 갖고 있는지 질문을 드리겠습니다. 그리고 저희 같은 젊은 세대가 그와 같은 활동에 어떻게 참여할 수 있는지 여쭙고 싶습니다.

보코바 아주 훌륭한 질문입니다. 앞서 짤막하게 언급했습니

이리나 보코바 유네스코 사무총장의 강연이 열리고 있는 경희대 평화의 전당.

다만, 일반적으로 말해 교육은 20~30년 전만 해도 발전을 하는 데 매우 중요하다고 생각되지 않았습니다. 우리가 알고 있다시피 많은 나라들에서는 교육에 상당한 투자를 했고 성공을 거두었습니다. 예를 들기 위해 멀리 갈 필요도 없습니다. 여러분의 나라인 한국에서 변화와 번영, 경제성장이 이뤄지는 데 교육이 얼마나 중요한 역할을 했는지는 여러분 자신이 잘 알고 계실 것이기 때문입니다. 교육이 어떻게 한 나라를 바꾸고 리더를 만들어내는지와 관련해, 저는 이명박 대통령과 반기문 사무총장께서 하신 말씀을 인용했습니다. 여러분은 국가 자원과 국제적인 원조를 통해 교육에 투자했습니다. 한국은 이제 기부하는 나라가 되어 다른 나라들을 돕고 있습니다. 여러분은 발전을 이루는 데 교육이 얼마나 중요한지 알고 있습니다. 한국은 나라들 사이의 연대감과 관대함을 훌륭하게 보여준 사례이고, 우리는 이에 대해 고맙게 생각하고 있습니다.

유네스코가 지난 20년 동안 해온 일은 교육을 지구적 의제의 반열에 단단히 올려놓는 것이었습니다. '모두를 위한 교육' 개념은 바로 유네스코에 의해 만들어졌습니다. 1990년 태국의 좀티엔에서 열렸던 '모두를 위한 교육 세계 회의'는 누구나 갖고 있는 배움의 욕구를 충족시키고자 확장된 교육적 비전을 요청했습니다. 10년 후 다카르에서 여러 나라들이 '모두를 위한 교육 6대 목표'[3]를 추구하기로 결의했습니다. 같은 해인 2000년에는 유엔에서 새천년 개발목표가 채택되었고, 그중 하나는 2015년까지 보편적 초등교육을 실현하는 것이었습니다.

교육이 발전에 미치는 긍정적 영향은 논박할 수 없습니다. 세기가 바뀔 때 정했던 2015년이라는 목표는 이제 3년밖에 남지 않았습니다. 따라서 교육을 두 번째 임기의 최우선 과제로 삼은 반기문 유엔 사무총장님은 칭찬받아 마땅합니다. 이는 역사적인 일입니다. 사무총장이 이런 사업을 벌인 것은 전례가 없으며 엄청난 정치적 의미를 지니고 있기 때문

3 '모두를 위한 교육 6대 목표'는 ① 유아 보육 및 교육의 확대 개선, ② 양질의 무상 의무 초등교육 실현, ③ 청장년층을 위한 생활 기술 훈련 및 교육의 증진, ④ 성인 문해율 50% 개선, ⑤ 교육 성평등 달성, ⑥ 교육의 질 향상 등이다.

입니다.

오늘날 우리가 직면한 도전은 교육 없이 맞설 수 없습니다. 교육은 토대 역할을 하면서 우리들이 기울이는 많은 노력들의 지속가능성을 보장해줍니다. 보건을 예로 들어보겠습니다. 우리는 상당수 개발도상국의 경우 산모와 아이의 사망률이 아주 높다는 사실을 알고 있습니다. 물론 보건에 직접 투자하는 것은 중요합니다. 그러나 동시에 널리 알려진 사실은, 개발도상국에서 젊은 엄마들의 교육 기간이 단지 1년만 늘어나도 가족과 아이들의 건강에 미치는 긍정적 효과는 극적으로 증가한다는 것입니다. 환경보호는 또 다른 중요한 사례입니다. 이에 관한 입장의 변화는 오로지 교육을 통해서만 이뤄질 수 있습니다. 우리는 인도의 베어풋대학과 정말 흥미로운 협력 관계를 맺고 있습니다. 이 대학은 아프리카의 여러 시골 지역에서 글을 모르는 할머니들을 데려와서 기본적인 읽기 쓰기와 환경 관련 지식을 가르치며 태양에너지를 소개하는 6개월짜리 교육을 실시합니다.

우리는 많은 개발도상국이 공공요금을 폐지하면서 교육을 강조하는 긍정적 경향을 목격하고 있습니다.

어떻게 하면 정부가 책임감을 가질 수 있는지가 첫 번째 질문이었습니다. 우리가 제안한 바에 따르면, 각 정부는 2015년까지 국가 차원의 보고서를 제출해야 합니다. 2000년 이후의 교육 기록과 함께 얼마나 개선됐는지, 어떤 부문에

> 우리는 '모두를 위한 교육'을 하나의 세계 운동이라고 부릅니다. '모두를 위한 교육'이 정부, 대학, 전문가와 국제조직 등에만 해당하는 분야가 아니라는 뜻입니다. 이는 지구적인 운동입니다. 시민사회가 적극 참여합니다. 한 명 한 명의 목소리가 다 중요합니다. 교육을 위한 이 강력한 요청에 여러분이 참여함으로써 변화를 일궈낼 수 있다고 생각합니다.

도전과 장애물이 남아 있는지를 보여주는 것입니다. 이는 부분적으로 책임에 관한 문제입니다만, 확실한 증거에 기반을 둔 상태에서 목표가 제대로 설정된 개혁을 구상하는 문제이기도 합니다.

마지막으로 두 번째 질문은 중요해 보입니다. 젊은이들이 더 넓게 확장된 환경에서 교육을 위해 무엇을 할 수 있는가 하는 것입니다. 우리는 '모두를 위한 교육'을 하나의 세계 운동이라고 부릅니다. '모두를 위한 교육'이 정부, 대학, 전문가와 국제조직 등에만 해당하는 분야가 아니라는 뜻입니다. 이는 지구적인 운동입니다. 시민사회가 적극 참여합니다. 비정부기구들이 함께 추진하는 '전 지구적 교육 운동'은 전 세계 공동체의 참여와 관심을 유도하기 위해 노력해왔습니다. 남아프리카공화국에서 월드컵이 치러지던 당시 이 운동은 '모두를 위한 교육'을 주제로 회담을 조직했습니다. 남아공 대통령부터 학생과 일반 대중 지도자들까지 참여하는 회담이었습니다. 한 명 한 명의 목소리가 다 중요합니다. 교육을 위한 이 강력한 요청에 여러분이 참여함으로써 변화를 일궈

낼 수 있다고 생각합니다.

참여에는 수많은 방법들이 있습니다. 유네스코 지역 사무소에서 일을 해보는 것도 생각할 수 있겠습니다. 그리고 물론 연구 활동에 관심이 있는 분들도 있을 것입니다. 오늘날 교육 분야는 수없이 많은 새로운 요소들로 이뤄져 있기 때문에 정말 흥미로운 연구 영역일 것입니다. 21세기에 학교란 무엇일까요? 21세기의 대학은 또 무엇입니까? 배움이란 무엇일까요? 우리는 교육에 대해서뿐만 아니라 점점 더 배움이란 무엇인가에 대해서 이야기하고 있습니다. 그렇다면 배움의 성과는 어떻게 측정할까요? 상이한 시스템들을 어떻게 비교해야 할까요? 새롭게 부상하는 분과 학문들은 어떻게 교육 시스템에 통합될 수 있을까요? 개방적인 자원들을 활용하는 방법은 무엇일까요? 그 밖의 다른 문제들은 어떻게 접근하면 좋을까요? 오늘날 교육의 수많은 연구 영역은 정말 흥미롭습니다. 다가올 미래사회의 초석이기 때문입니다.

질문 2 훌륭한 강연에 진심으로 감사드립니다. 저는 평화복지대학원에 다니는 학생입니다. 작년에 방글라데시의 개발 단체에서 일하면서 이 나라의 개발 전략과 통계를 연구했습니다. 자료에 따르면, 방글라데시는 실제로 교육 부문에 엄청난 노력을 기울였고 아동의 75%가량이 초등학교를 졸업합니다. 그러나 45%만 중학교에 가고 고등교육에 이르면 그

숫자는 크게 감소합니다. 초등교육에서 여학생의 비율은 남학생보다 높습니다만, 고등학교에서 그 비율은 36%로 떨어집니다. 이 경험을 통해 저는 지속가능한 교육을 확대하고 고등교육을 제공하는 것이 보편적 초등교육을 성취하는 것만큼이나 중요하다고 생각하게 됐습니다. 개발도상국의 이 같은 상황에 대해 어떻게 생각하시는지, 그리고 유네스코가 이 상황들에 대해 지침이나 전략을 갖고 있는지 여쭙고 싶습니다.

보코바 질문 고맙습니다. 학생의 질문은 '모두를 위한 교육'을 중심으로 한 도전 과제들과 관련해 우리가 진행해온 분석의 핵심에 해당합니다. 방글라데시는 아주 흥미로운 사례입니다. 저도 최근에 그곳에서 총리 및 관계자와 함께 그 문제를 논의했습니다. 방글라데시는 엄청난 노력을 했고 교육에 정말 헌신적입니다. 초등교육과 중등교육에서 성평등이 실현됐고 고등교육 진학률은 단기간에 증가하고 있습니다. 그러나 많은 나라들과 마찬가지로 중학교 수준에서 병목현상이 발견됩니다. 중퇴자가 너무 많습니다. 그리고 대부분의 경우 여러 이유로 중퇴하는 학생들은 여학생들입니다.

부실한 교육의 질은 많은 나라들에서 가장 큰 문젯거리입니다. 진학률은 가파르게 상승합니다. 하지만 교사들 훈련이 제대로 안 돼 있거나 학교 환경이 나쁠 때, 교육과정이

© UNESCO/GMR Akash

수업을 받고 있는 방글라데시 소녀.

배움의 욕구와 관련이 없거나 잘 들어맞지 않을 때, 아이들은 3년 동안 학교에 나오다가 중퇴해버립니다. 다시 배울 기회가 주어지지 않으면 아이들은 기능적으로 문맹이 되어 반복되는 빈곤에서 빠져나올 수 없게 돼버립니다. 사무총장님이 추진하신 '교육 우선 구상'은 바로 지구적 시민권을 기반으로 교육의 접근성과 질, 가치 등의 문제에 도전합니다. 유네스코는 이 모든 부문에서 주도적인 역할을 합니다. 우리는 중등교육에 점점 더 많은 관심을 기울이고 있습니다. 유네스코는 교육에 대한 3단계 지원을 늘 주창해왔습니다. 먼저 초등교육과 중등교육 단계가 있고, 세 번째로 교사들이 훈련을 받는 단계가 있습니다. 저는 교사의 60%가 전혀 훈련을 받지 않은 나라들을 방문했습니다. 이 같은 조건에서는 아동들의 학습이 불가능합니다. 따라서 우리는 중퇴율이 높은, 특히 여학생들 사이에서 높은 중등교육에 관심을 집중하면서 교원 훈련을 개선하고 확대하는 데 치중하고 있습니다. 우리는 여러 교육적 차원 사이의 연계와 이동에 관심을 기울이고 있습니다. 이는 제대로 움직이는 강력한 시스템을 구축하는 데 매우 중요합니다.

우리는 오늘날 갈등의 극복, 평화와 지속가능한 발전의 증진에서 교육이 맡은 역할에 대해 잘 이해하고 있습니다. 현재 교육이 문제가 아닌 나라는 지구상에 한 곳도 없습니다. 교육은 모든 정치적 의제에 올라 있습니다. 미국과 프랑스에서는 교육의 질, 배움의 세계와 직무의 세계 사이의 조화에 관해 열띤 토론이 이뤄지고 있습니다. 교육은 지구적인 정치 의제 속에 확실히 자리를 잡았습니다. 이는 매우 긍정적인 현상이라고 생각합니다.

질문 3 감동적인 강연을 해주신 데 대해 감사드립니다. 평화복지대학원에 다니는 이주아라고 합니다. 저는 유엔 산하기관들 사이의 협력 관계에 대해 질문을 드리고 싶습니다. 제가 알기로 '하나의 유엔One UN'을 위해 지도자 역할을 하는 8개 나라들이 있습니다. 그 목적은 유엔의 의제를 보다 효율적으로 전달하는 데 있습니다. 이로부터 유네스코가 얻은 이득은 무엇인지, 그리고 유엔의 효율성을 증대하는 방안과 '일

원적 전달 체계Delivering as One'가 마주한 도전적 과제들로는 어떤 것들이 있는지 궁금합니다.

보코바 흥미롭고 시사적인 질문입니다. 우리 활동의 취지는 우리의 책임들을 보다 잘 배분하기 위해, 더 협동적이고 더 협조적이기 위해 공동 작업을 벌이는 것입니다. 8개 지도 국가들은 긍정적 성과와 일정한 결함을 동시에 드러냈습니다. 우리는 현재 '일원적 전달 체계'를 검토하는 중입니다.

전체적으로 봤을 때 유네스코는 긍정적인 경험을 했습니다. 유네스코는 모든 국가에 사무소를 두고 있진 않습니다. 이는 하나의 도전입니다. 또한 유엔 산하기관들은 각각 다른 권한을 갖고 있을 뿐만 아니라 구조도 서로 다릅니다. 자체적으로 헌장과 집행 이사회, 의사 결정 과정을 지닌 전문기관들이 있습니다. 그리고 유니세프, 유엔환경계획, 세계식량계획, 세계인구기금 같은 유엔의 기금과 계획이 있습니다. 자금 조달 활동을 많이 벌이는 이 기관들은 규모가 더 큰 현장 네트워크를 가지고 있습니다. 이렇게 상이한 예산 편성이나 책임 등을 결합하는 것이 큰 과제입니다. 8개 지도 국가들과의 경험을 통해 우리 모두 많은 교훈을 얻었습니다.

그러한 경험을 통해 유네스코는 국가 차원에서 보다 밀착된 동반 관계를 이루며 일할 수 있었습니다. 공동 작업은 훌륭한 경험이었습니다. 서로를 보완해주기 때문입니다. 예를 들어 유네스코는 2010년 모스크바에서 조기 육아와 교육에 관한 세계 최초의 국제회의를 개최했습니다. 획기적인 진전으로 기록된 이 회의는 많은 나라에서 조기 육아와 교육을 확대하는 데 자극이 됐습니다. 아프리카의 교육부장관들 다수가 정책 입안을 하는 데 이 회의가 영향을 끼쳤다고 말해주었습니다. 현장 사업은 대부분 유니세프가 수행하고 있습니다. 유니세프는 더 큰 네트워크가 있고 아동복지에 더 깊이 관여하는 전문기관이기 때문입니다. 서로 도움을 주는 것은 자연스러운 일이라고 생각합니다. 교육부 안에 역량을 구축하는 것은 우리지만 그 밖에 이뤄지는 현장 사업은 당사자들이 진행합니다. 이는 매우 유익하고 바람직한 일입니다. 기본적으로 아주 보람 있는 경험이라고 생각합니다. 특히 재원 부족으로 절약이 필요할 때 작업을 공동으로 벌이는 것이 중요합니다. 저는 공동 작업의 의무화에 적극 찬성하는 입장입니다.

지은이 / 옮긴이 소개

지은이 **이리나 보코바**

이리나 보코바는 2009년 유네스코 첫 여성 사무총장으로 선출됐다. 불가리아 출생으로 모스크바 국립국제관계연구소를 졸업한 뒤 메릴랜드대와 하버드대 케네디스쿨에서 수학했다. 불가리아 외무부장관과 유럽연합 특임장관을 역임했고, 유엔 불가리아 대표부 외교관, 프랑스와 모나코 주재 불가리아 대사, 유네스코 상주대표부 대사를 지냈다. 불가리아 신헌법 채택 과정에 참여해 불가리아의 유럽연합 가입을 가능하게 했으며, 유럽정책포럼 창립자이자 의장으로서 유럽 내 분열 극복을 위해 대화와 다양성, 인간 존엄을 실현하고자 노력해왔다. 모두를 위한 교육, 남녀평등, 인권, 문화 간 대화를 위한 국제적 협력에 적극 동참하고 있다.

옮긴이 **송창섭**

이리나 보코바 유네스코 사무총장의 강연 전문 및 질의응답 내용을 우리말로 옮겼다. 경희대학교 문과대학 영어학부 교수로 재직 중이다.

The Foundations of Peace in the 21st Century: the UNESCO View

Irina Bokova

KYUNG HEE UNIVERSITY PRESS

This book is based on papers presented at the Miwon Lecture delivered by Irina Bokova, the Director-General of the United Nations Educational, Scientific and Cultural Organization, on the subject of "The Foundations of Peace in the 21st Century: the UNESCO View." The lecture took place on August 13, 2012 at the Grand Peace Hall, Kyung Hee University.

Miwon Lecture

The Miwon Lecture is a special lecture series named after the nom de plume of Dr. Young Seek Choue, the founder of Kyung Hee University. Through these lectures, Kyung Hee is continuing its tradition of "Academe and Peace" based on its founding spirit of "Creating a Civilized World." By inviting eminent scholars, global leaders, and social practitioners as guest speakers, the Miwon Lecture will open new horizons to a better human and a better world.

Welcoming Address

UNESCO and Kyung Hee University: The tasks we must address together

Today is a special day for us. Her Excellency Irina Bokova, Director-General of UNESCO, has graced us with her presence. I feel that it is a tremendous honor to host the Director-General, a remarkable individual who has devoted herself to the sublime endeavor of promoting dignity and equality, mutual respect and peace for all of humankind. Let me take the liberty of expressing a warm welcome and deep gratitude on behalf of Kyung Hee University.

There is an obelisk that stands at Kyung Hee University's Gwangneung Campus. That obelisk is inscribed with the words "Peace is more precious than triumph." This phrase symbolizes the road of "academe and peace" that Kyung Hee University has traveled over the last 63 years. As a research institution and an institute of higher learning, Kyung Hee embodies the ideal that the ultimate significance of scholarship is to promote and guide the establishment of peace. We embrace a vision that a university should focus on the betterment of humanity and the betterment of society, and that we must create a peaceful civilized world to realize the full potential of our civilization.

UNESCO was established in 1945, just four years before Kyung Hee University was founded, and both share similar ideals. The Preamble to the UNESCO Constitution establishes the principles under which it was founded, and begins with a declaration of its main goal: "Since wars begin in the minds of men, it is in the minds of men that the defences of peace must be constructed."

It can be said that culture is the result of minds working together to achieve goals that affect a group of people, and that the civilized world is a result of humanity as a whole collaborating to produce an infinite variety of realities, which may include both peace and war. UNESCO is dedicated to the promotion of human dignity, mutual respect and equality as the conditions for peace. This is exactly the value that Kyung Hee University has pursued since its founding. Kyung Hee University also strives for a combination of "academic excellence" and "global practice." We have opened the way to a civilized world for humanity that includes peace at both personal and societal levels. Because our youngest generations will be the main players in the future, we focus on their education, and we dedicate our efforts to promoting research, service and public practice that will lead the way to a better civilized world.

In this respect, this event and H.E. Bokova's visit are of the ultimate significance for us. UNESCO, which strives for human peace, is now joining hands with Kyung Hee University, an institution with similar founding principles. We welcome Her Excellency Irina Bokova, Director-General of UNESCO, whose exceptional leadership abilities are putting into practice the principles on which UNESCO was founded.

In her inauguration speech in 2009, Her Excellency pointed out two disconcerting phenomena in the modern development of human ideas: uniformization and exclusion. Today, I understand she will speak about two critical current topics that address those concerns: "the diversity of culture" and the urgent need for sustainable development and a "new humanism" for peace. These issues have also been critical to Kyung Hee University's research and actions for some time. We find above all that today there is tremendous interest in a "the limits of modern civilization and its alternatives." Both Kyung Hee University and UNESCO are cooperating through the "UNESCO Chair on Future Civilizations." The "Future Civilizations Cluster" that will be developed at Kyung Hee University will strive for the betterment of humanity, of civilization and of politics in the future. We are preparing for the birth of a new academic community that goes beyond borders and institutional walls.

But this matter is not one limited to a particular institution's initiative. We must gather together the collective wisdom of all people to take on this task. We face a host of challenges to humanity, from the tensions generated by globalization to the threats of poverty, alienation, violations of human rights, unsustainable development, and climate change. There are also the questions of democratization and justice that must be addressed. All these tasks demand our passion and our sacrifice.

Today, we ask Director-General Bokova, who has graced us with her presence, for her keen insights and perceptions so that we can receive instruction about solving these problems. Director-General Bokova's gracious words will be a tremendous inspiration for the University and for civil society as we embrace the spirit of UNESCO of an "intellectual and moral alliance" for peace and human welfare.

Inwon Choue

* This is a welcoming address made by President Inwon Choue for the Miwon Lecture on August 13, 2012 at the Grand Peace Hall, Kyung Hee University.

Contents

The Role of UNESCO for World Peace

President Dr. Inwon Choue, dear professors and students, ladies and gentlemen, *An-Nyung-Ha-Seyo*. I hope I pronounced that right. First of all, I would like to thank you, Mr. President, for this very kind and generous introduction. I thank you also for this invitation to participate in the Miwon Lecture series.

It is an honour for me, because I know how many eminent predecessors have given lectures in this particular hall within this same series. And it is also an honour to explore the foundations of peace in the 21st century at a university that has played, and still is playing, such a leading role for peace.

Kyung Hee University is a world-class institution of higher education. This success, I believe, builds on a clear vision of peace. This starts with individual dignity and creativity. It includes the responsibility to advance knowledge for the benefit of all.

"Creating a Civilized World," as rightfully Mr. President reminded us, this is your university's motto. The first president of this university, Dr. Young Seek Choue, after whom this lecture series is named, embodied this spirit. I wish to take this opportunity to express my condolences for his passing earlier this year. Dr. Young Seek Choue was a great figure of the 20th century – a passionate advocate for peace and reconciliation, always on the road, always dreaming up new ideas and, what is most important, making them happen.

In 1965, he launched the International Association of University Presidents. We owe him also the International Day of Peace – in November 1981, the United Nations General Assembly unanimously endorsed Dr. Choue's proposal.

In 1993, UNESCO recognized Dr. Young Seek Choue's

contribution by awarding him the UNESCO Prize for Peace Education – in 1992, the Prize had been awarded to Mother Theresa. In his acceptance speech, Dr. Young Seek Choue called "for planting the love of peace in the minds of people around the globe."

I would like to remind you once again that UNESCO was created in 1945 in the same spirit, to build peace on new foundations. The idea emerged three years before, during the war in 1942, at the Conferences of Allied Ministers of Education held in London. It is worth remembering many of these ministers worked then for governments-in-exile, representing countries under occupation.

Our Constitution opens with these striking words: "Since wars start in the minds of men, it is in the minds of men that the defences of peace must be constructed." This profoundly humanist conviction remains as salient today as it was in 1945.

I would like, once again, to evoke a notion, an important fact, that a human rights declaration was based on the constitution of UNESCO. And it is amazing to see nowadays, reading our constitution, that it is probably the most inspiring and the most intellectual document that was produced by the United Nations after the Second World War – saying that, it is not sufficient to consider the economic and financial aspects of human development but it is the intellectual, moral solidarity of mankind that has to give guidance for the future humanist tradition. This is the meaning of my call for a new humanism to guide the 21st century.

The ideas are always venerable, but the context nowadays is new and urgent. I strongly believe that a new humanism today must be rooted in respect for human dignity and the diversity of all cultures. It must be taken forward by women and men who are engaged with others and with the safeguarding of our planet. These are the conditions for lasting peace and sustainable development. This is why I feel close to the call made by Dr. Young Seek Choue for a "new renaissance." Once again, we need to place human dignity and freedoms at the centre of all our efforts.

I wish to take this opportunity to thank the government of the Republic of Korea for its leadership in taking forward this vision. I have just participated in the closing ceremony of the 2012 Yeosu Expo on the "Living Ocean and Coast." The EXPO provided testimony to Korea's global role on a core issue for sustainable development. I saw the same leadership at the 4th High Level Forum on Aid Effectiveness in Busan last November, where I was also honoured to participate.

The Republic of Korea is one of UNESCO's greatest champions, providing generous support to our work in education in Africa and across the world, in the sciences for sustainability, and in culture – in protection and preservation of both tangible and intangible heritage.

Miwon Lecture

Education for a New Culture of Peace: Education for All

We hear the call for more sustainable – and more human – development rising from all parts of the world. I was in Myanmar last week, where I had the honour to meet both President Thein Sein and also Aung San Suu Kyi, recently elected to the Parliament. As you know, Aung San Suu Kyi was awarded the Nobel Peace Prize in 1991, but she was only able to travel to Oslo to receive the Prize in June. On that occasion, she spoke of the Burmese concept of peace as the happiness arising when the fires of adversity, poverty, and discrimination are extinguished.

It is not enough nowadays for peace to be held only

between States. Political treaties are necessary, but not sufficient. This is UNESCO's vision – peace must be founded on individual dignity and on the capacity of every man and woman to lead lives they value.

When I look around the world, I see strong grounds for hope. People and societies are more connected than ever before. The opportunities for dialogue and sharing have perhaps never been so great.

At the same time, the pace of change is placing societies under pressure. Inequalities remain persistent. Deepening inter-dependence does not always translate into deeper understanding. The increasing diversity of our societies is a blessing for creativity and innovation, but it is also a source of fear for some, of discrimination for others. The last decade has seen natural disasters on the rise -- and no country is spared the impact of climate change.

The 21st century places new demands on our societies. It is calling for individuals, communities, nations, especially young women and men, with transferable skills, with the ability to learn throughout life. It is calling for inclusive knowledge societies. It is demanding a new vision of our place on a planet that has reached the limit of its ability to sustain us.

In the 21st century, we cannot rely on only political treaties or economic arrangements between countries. We must look ever more to building a new culture of peace. This must start on the benches of schools and universities. A quality education is an essential human right – it is also a motor for economic success. This was not recognized at the time of the publication of the first United Nations' report on sustainable development, which was called, after the chairman, the president of its commission, the main author, and the former prime minister of Norway at the time, Gro Harlem Brundtland, the Brundtland Report.

Today, all studies confirm the power of education to lift women and men out of poverty. President Lee Myung-bak made this point powerfully at the Busan High Level Forum on Aid Effectiveness. And I quote him, "Even when they did not have enough food to put on their tables," he said, "Korean parents sacrificed everything to educate their children." Education is all the more important today, at a time of economic crisis.

These are the goals leading the Education for All

movement launched in 2000, with goals to be reached by 2015 – one of the millennium developments. We have seen strong progress -- but the world is still not on track, to reach its second millennium development goal of Education for All.

In 2010, there were 60 million children out of primary school. Less than 40% of countries provide girls and boys with equal access to education. There remain around 800 million illiterate adults – two thirds of whom are women.

Earlier this year, UNESCO published a *World Atlas of Gender Equality in Education*, the first ever such publication, to map the situation in different countries. It shows that the countries that have made the greatest advances in education have invested heavily in gender equality, starting from the earliest years.

Too many learners today leave education with skills that are not relevant for their personal fulfilment, including in the world of work. Education must prepare young women and men for the knowledge societies of the 21st century. And this is also one of the foundations for peace today.

UNESCO recently played a leading role in organizing

the 3rd International Congress on Technical and Vocational Education and Training (TVET), which was held this May in Shanghai, China. This was a milestone for crafting a new TVET for the 21st century.

UNESCO issues an annual *Global Monitoring Report* benchmarking progress towards Education for All. The focus this year falls on youth skills. One young person in five across the world is looking for work. The wellbeing and prosperity of young people depend more than ever on the skills that education and training can provide.

Young people all over the world are 1.8 billion strong today. This represents, I would say, 1.8 billion ideas and 1.8 billion visions of the future. Failing to support these ideas and visions is a waste of human potential but also of economic power – it can also be a source of frustration, even tensions, conflicts, and violence within societies.

The *Global Monitoring Report* reminds us that education is not only about making sure all children can attend school. It is about setting young people up for life – by giving them opportunities to find decent work, to earn a living, to contribute to their communities and societies, and to fulfil their potential.

UNESCO is working on all fronts – to support education reform, to enhance teacher training, to promote access for girls and women, to harness the power of new technologies for greater equity and quality.

We act where needs are most acute. In Afghanistan, for instance, we are working with 600,000 learners across 18 provinces – with women and girls as our priority. We are providing literacy programs to the Afghan police, who are 70% illiterate.

Education must rise on the peace-building agenda of the United Nations. This was the core message of UNESCO's 2011 *Education for All Global Monitoring Report*, entitled "The Hidden Crisis: Armed Conflict and Education." This report and all our activities in education and conflict helped lay the ground for the United Nations Security Council Resolution adopted in July 2011 to strengthen the protection of schools in conflicts. And we're extremely proud of this achievement.

Fundamentally, education is about values. It is about fostering respect for human rights. It is about preparing young women and men to live as responsible citizens, tolerant and respectful of others.

This is a core goal of Education First, the new initiative that the United Nations Secretary-General Mr. Ban Ki-moon will launch in September, which UNESCO has strongly supported and is participating in at his invitation. This Initiative has three angles – equity and inclusiveness, quality and teachers, and finally, global citizenship.

Miwon Lecture

Peace and Culture:
Diversity and Universality

Ladies and gentlemen, we look at peace-building also from the viewpoint of culture.

It is not a secret how much UNESCO is involved in promoting, protecting, safeguarding, and passing to the new generations, heritage – tangible and intangible. Every culture is different – and this is a great wealth – but humanity as a whole, united around shared values and human rights, shall recognize its diversity.

UNESCO works to make the most of cultural diversity for peace, to promote culture as a dynamic force that enlarges opportunities and renews societies. We do so first and foremost through global standard-setting. The World Heritage Convention, whose 40th anniversary we celebrate this year, is a flagship for safeguarding heritage of "outstanding universal values" across the world.

This concept found its first expression in the operation to rescue the Nubian Temples in Egypt in the 1960s. Humanity came together then around what was a revolutionary idea, one of the most powerful ideas to emerge after World War II.

I hardly need to explain the concept of "outstanding universal values" to this audience as you understand it very well, I'm sure.

In Korea, the World Heritage List includes the historical villages of Hahoe and Yangdong, the stunning Hwaseong Fortress as well as the Royal Tombs of the Joseon Dynasty. This heritage is a powerful resource for future generations. We need to take, though, a fresh look at its meaning.

Heritage is not only about stones, young friends – it is living, and it gains meaning when it is inscribed in the lives of local communities and of peoples. It is also a tool for reconciliation today, in many parts of the world. Heritage can give confidence and help reconcile individuals with a globalizing world.

In Syria and in Mali, we see that culture lies on the front line of conflicts. Attacks against culture are attacks against the very identity of communities and peoples. They lead to devastation that can be irreparable, making reconciliation all the more difficult. And that is why they target heritage and culture.

Protecting cultural heritage, nowadays in this globalized world, is not a luxury that can be left for better days. Active conflict is fading away. This is why I insist so much, to include in the very first moments of a conflict, the need to protect culture and heritage.

I dispatched a technical mission to examine Timbuktu and the Tomb of Askia in Mali. I'm appealing to all the parties involved in conflicts and military groups not to target heritage but to preserve it, because the conflict will fade away but the heritage should stay for the future generations.

Over the past ten years, we have been crafting "cultural corridors" in Southeast Europe – the part of the world that I come from – through an annual regional forum involving Heads of State and Government. And for us, in this part of the world, UNESCO was the most important international organization that was building bridges among the different countries coming out of a terrible and bloody war.

For UNESCO, cultural expressions and diversity are also wellsprings of innovation – of creating jobs and of boosting economic development in many countries. In 2010, culture generated global jobs and income to the value of US$1.3 trillion.

Cultural industries are growing all over the world – but they need our support. This is the purpose of another important UNESCO convention: UNESCO's 2005 Convention for the Protection and Promotion of the Diversity of Cultural Expressions. We are working to support cultural industries across 63 developing countries.

I am determined to place culture at the heart of the global development agenda. We must also build very strong bridges between tangible and intangible heritage, and culture industries around them.

In 2011, the traditional Korean martial art of *Taekkyeon* was inscribed on the UNESCO Representative List of the Intangible Cultural Heritage of Humanity. We're all very proud of it.

Miwon Lecture

Peace and Sustainable Development

Ladies and gentlemen, I see lasting peace and sustainable development as two sides of the same coin. Without peace, there can be no sustainable development. At the same time, endemic poverty, the impacts of climate change and natural disasters, violations of human rights and fundamental freedoms, marginalization and exclusion, discrimination – all of these are obstacles to peace.

The world took a major step forward at the United Nations Conference on Sustainable Development, held in Rio de Janeiro last June. The Rio+20 Conference, as the United Nations called it, adopted a very powerful document, an Outcome Document, which has far-reaching implications for building greener economies and greener societies. As the United Nations Secretary-General said, Rio+20 is not "an end but a beginning."

The sustainability agenda is now firmly in place on a global level, but also in national agendas across the world. We must now build on this – to set a new global sustainability agenda that harnesses the power of education and culture for development and the sciences for a more inclusive, just, and peaceful world. Building peace must begin with protecting the inherent dignity of every woman and man, by respecting cultural diversity and culture of others.

UNESCO does not deliver development or financial aid, but we craft the conditions for sustainable development. This is UNESCO's contribution to the foundations of peace in the 21st century. UNESCO does not itself keep the peace, but we work to make it last.

This is our message, and I know it is carried forward by Kyung Hee University and shared by all of you. I thank you for this commitment, which I consider shared goals between your university and UNESCO. So, *Gam-Sa-Ham-Ni-Da*.

Miwon Lecture

Q&A

Q1 I am Sung-min Kim, an International Studies major. First, I would like to show gratitude for your wonderful lecture. Despite the fact that many people now realize the importance of education and maintaining sustainable development, as you mentioned in your lecture, education is still usually put behind in many agendas, policies, and consensus, because outcome is not shown in the short term. Therefore, my question is, "What is UNESCO's plan for keeping government officials and policy makers alert of the importance of education?" And I would also like to ask you for advice on how the young generation like us could participate in those actions.

Bokova It's an excellent question. I mentioned briefly in my presentation that globally speaking, education had not been considered 20 or 30 years ago as very important for development. We know that many countries have invested heavily in education and reached success: I shall not reach far to give examples, because here in your country, in Korea, we know what an important role education played in your transformation, in your prosperity, and for economic growth. I quoted President Lee and the United Nations Secretary-General Mr. Ban Ki-moon to illustrate how education can transform a country and make it a leader. You invested in education both from national sources and international aid. You have now become a donor country and are giving back to others. You know how important education is for development. This is a wonderful show of solidarity and generosity for which we are grateful.

What UNESCO has been doing for the last 20 years is to put education firmly on the global agenda. The very concept of Education for All was coined by UNESCO.

In 1990, the World Conference on Education for All in Jomtien (Thailand), called for an expanded vision of education to meet the learning needs of all. Ten years later in Dakar, countries committed to the six Education for All Goals. The same year, in 2000, the United Nations Millennium Development Goals were adopted, with one that focuses specifically on the achievement of universal primary education by 2015.

The positive impact of education on development is irrefutable. The 2015 targets set at the turn of the century are just over three years away. This is why is it so commendable that the United Nations Secretary-General Ban Ki-moon has made education a priority of his second mandate. It is historic because it is the first time that a Secretary-General has done this, and it carries enormous political significance.

We cannot meet the challenges we face today without education. Education is the foundation and assures the sustainability of many of our efforts. Take the example of health. We know that high maternal and child mortality prevails in a number of developing countries. It is of course important to invest directly in health. But it is also widely recognized that if you increase just by one year the education of young mothers in these developing countries, the positive impact on the health of their families and their children is dramatically increased. Environmental protection is another case in point. It calls for a change in attitudes that can only be gained through education. We have one extremely interesting partnership with the Barefoot College in India. This college is bringing together illiterate grandmothers from different rural settings in Africa and giving them a six-month training course on solar energy, combined with basic literacy skills and knowledge about the environment.

Overall I think we are seeing a number of positive trends, with many developing countries abolishing fees and putting emphasis on education.

The first question was how to hold governments accountable, wasn't it? We have proposed that each government presents its own national report by the year 2015, showing their educational record since 2000, how progress was achieved and where the challenges and obstacles remain. This is partly about accountability, but also about designing well-targeted reforms based on strong evidence.

Finally, your second question is important, I think. It's what young people can do for education in this wider environment. We call Education for All a world movement. This means that Education for All is not just the purview of governments, universities, experts or international organizations. It is a global campaign. Civil society is strongly engaged. The Global Campaign for Education, a coalition of NGOs, has mobilized communities and awareness across the world. On the occasion of the World Football Cup in South Africa, the Campaign made a large impact by organizing a summit on education for all with the President of South Africa down to students and grassroots leaders. Everyone's voice matters. I believe that through your involvement in this strong advocacy for education, you can make a difference.

There are so many ways to be involved. You might consider spending some time in one of our field offices. Then of course, there are those of you who are interested in research. I think that education is an incredibly interesting area of research today because there are so many new elements. What is a school for the 21st century? What is a university of the 21st century? What is learning – we speak not only of education but we increasingly speak of "learning"? How do you measure learning outcomes? How do you compare different systems? How do we integrate some of the new, emerging disciplines into the education system? How do you use open resources? How do we approach others? There are so many areas of research nowadays in education, which I find extremely challenging, because these are the foundations of tomorrow's societies.

Q2 First of all, I'm really grateful for your speech, I am a student from the Graduate Institute of Peace Studies. I had a chance to work at a development agency in Bangladesh last year, and I researched the developmental strategies and statistics of the country. According to the data, Bangladesh actually put a huge effort into the educational sector and around 75% of children graduate from elementary school. But only 45% of the children go to middle school, and when it comes to higher education, the number significantly decreases. In primary education, the proportion of female students is higher than male students, but in high school, the proportion decreases to 36%. From this experience, I thought that enhancing sustainable education and providing higher education is as important as achieving universal primary education. I would like to know what you think about this situation in developing countries, and if UNESCO has guidelines or strategies for these situations?

Bokova Thank you very much for this question. I would say that this goes to the core of our analysis about the challenges around Education for All. Bangladesh is a very interesting case. I was also there recently and discussed this with the Prime Minister and others. Bangladesh has made a huge effort – it is extremely committed to education. They have achieved gender equality in primary and secondary education and a high enrolment increases in a short time span. But like in many countries, the bottlenecks are found at the secondary level, with too many drop outs – and in most cases, we find that it is girls who drop out for a number of reasons.

The poor quality of education is an issue across the board in many countries. You may have rapid increases in enrolments, but when teachers are not well trained, the school environment is unfriendly and the school curriculum is not relevant or well adapted to learning needs, kids go to school for three years and drop out. Unless they are given a second chance to learn, they are likely to remain functionally illiterate and locked in a poverty cycle. The Secretary-General's Education First Initiative tackles these issues – of access, quality and values, through global citizenship. UNESCO leads on all these fronts. We are giving increasing attention to secondary education. UNESCO has always advocated for supporting the three levels of education: primary, secondary, and tertiary – the latter is where teachers are trained. I have visited countries where 60% of teachers have no training – under these conditions, children cannot learn. This is why we are concentrating on secondary education where drop-out rates, especially among girls, remains high; and on improving and expanding teacher training. We pay attention to the links and transitions between different levels of education. This is very important for building strong and well-running systems.

Overall, I believe we have a much better understanding today about the role of education in overcoming conflict, fostering peace and promoting sustainable development. There is no single country in the world where education nowadays is not an issue – you see it on every political agenda. In the United States, in France, there are heated debates about the quality of education, the match between the world of learning and the world of work. So I believe nowadays, education is firmly established on the global political agenda and this is very positive.

Q3 Thank you for your inspiring speech. My name is Ju-a Lee, and I'm also from the Graduate Institute of Peace Studies. I have a question about the system of co-operation between UN agencies. I know there are eight pilot countries for "One UN" to deliver its initiatives more efficiently. I was wondering what the benefit has been for UNESCO, what you think are ways to increase UN efficiency, and some of the challenges in "Delivering as One."

Bokova It's an interesting and topical question. The thrust of our effort is to work together in order to have a better distribution of our responsibilities, to be more cooperative and more collaborative. The eight pilot countries have shown both positive outcomes and some shortcomings, and we are in the process of reviewing the "Delivering as One" record.

For UNESCO, it has been a positive experience overall. UNESCO does not have offices in every country, which is one challenge. Also, UN agencies not only have different mandates but they are structured differently. On one hand, we have specialized agencies which have their own constitutions, governing bodies and decision-making processes. Then, we have the funds and programs of the United Nations like UNICEF, UNEP (United Nations Environment Program), World Food Program, World Population Fund, and some others. They work more as funding agencies and have a bigger field network. How to combine these different ways of working – budgeting, accountability, and otherwise – is the main challenge. The experience with the eight pilot countries has been a great lesson for all of us.

For UNESCO, it has given us the opportunity to work in much closer partnership at country level. Working together has been a great experience for us, because we complement each other. For example, UNESCO organized the first ever world conference on early childhood care and education in Moscow in 2010. The Conference marked a breakthrough and served as an impetus for expanding early childhood care and education in many countries. A number of Ministers of Education from Africa personally conveyed to me that the Conference had an influence on policy-making. Most of the work in the field is being done by UNICEF, because they have a larger network and are much more involved and specialized in the area of child well-being. I think it is only natural that we support each other. We provide capacity building within Ministries of Education, but the other fieldwork is done by them. It has been extremely beneficial and positive. So, basically, I think it's a very rewarding experience. It's important that we work together especially in times of austerity when resources are scarce. We have to work together, and I am committed to this.

About the Lecturer

Irina Bokova

Irina Bokova is the Director-General of the United Nations Educational, Scientific and Cultural Organization. Elected in 2009, she is the first woman to head the Organization. A Bulgarian national, Ms Bokova graduated from the Moscow State Institute of International Relations and studied at the universities of Maryland and the John F. Kennedy School of Government at Harvard in the United States. She has served as her country's Secretary of State for European integration and Minister of Foreign Affairs, as a diplomat at the Bulgarian Permanent Mission to the United Nations, Ambassador of the Republic of Bulgaria to France and Monaco, and Permanent Delegate to UNESCO. She participated in the drafting of Bulgaria's new Constitution, which contributed to the country's accession to the European Union. As founder and chairperson of the European Policy Forum, she worked to overcome divisions in Europe and promote the values of dialogue, diversity, human dignity and rights. She has been actively engaged in international efforts to advance education for all, gender equality, human rights and cultural dialogue.

The Foundations of Peace in the 21st Century: the UNESCO View

Published by Kyung Hee University Press
26 Kyunghee-daero, Dongdaemun-gu, Seoul, 130-701, Korea
www.khupress.com

ISBN 978-89-8222-428-7 03300